# Exploremos México

por Walt K. Moon

EDICIONES LERNER ◆ MINNEAPOLIS

**Nota para los educadores:**

En todo este libro, usted encontrará preguntas de reflexión crítica. Estas pueden usarse para involucrar a los jóvenes lectores a pensar de forma crítica sobre un tema y a usar el texto y las fotos para ello.

ediciones Lerner
Una división de Lerner Publishing Group, Inc.
241 First Avenue North
Mineápolis, MN 55401, EE. UU.

Si desea averiguar acerca de niveles de lectura y para obtener más información, favor consultar este título en www.lernerbooks.com

**Library of Congress Cataloging-in-Publication Data**

Names: Moon, Walt K., author.
Title: Exploremos México / por Walt K. Moon.
Description: Minneapolis : Ediciones Lerner, [2017] | Series: Bumba books en español—Exploremos países | Includes bibliographical references and index. | Audience: Ages 4–7. | Audience: Grades K–3. | Description based on print version record and CIP data provided by publisher; resource not viewed.
Identifiers: LCCN 2016043097 (print) | LCCN2016042726 (ebook) | ISBN 9781512449853 (eb pdf) | ISBN 9781512441215 (library bound : alk. paper) | ISBN 9781512454055 (pbk. : alk. paper)
Subjects: LCSH: Mexico—Juvenile literature.
Classification: LCC F1208.5 (print) | LCC F1208.5 .M6618 2017 (ebook) | DDC 972—dc23

LC record available at https://lccn.loc.gov/2016043097

Fabricado en los Estados Unidos de América
1 – CG – 7/15/17

LERNER
e
SOURCE

Expand learning beyond the printed book. Download free, complementary educational resources for this book from our website, www.lernerresource.com.

# Tabla de contenido

# Una visita a México

México es un país

en Norteamérica.

Está al sur de

los Estados Unidos.

4

México tiene

desiertos grandes.

Tiene selvas tropicales.

Tiene volcanes altos.

Está entre dos océanos.

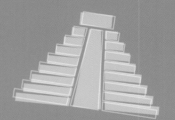

En las selvas tropicales viven jaguares.

En los desiertos viven culebras.

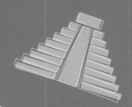

Los cactus crecen en los desiertos.

Estas plantas acumulan agua.

Ellas tienen espinas puntiagudas.

**¿Qué más puede vivir en el desierto?**

La mayoría de la gente mexicana

vive en ciudades.

Otras personas viven

en pueblos pequeños.

**¿En qué manera es diferente vivir en un pueblo que vivir en una ciudad?**

13

México tiene
una larga historia.
Algunos edificios tienen
cientos de años.
Estos edificios alguna vez
fueron parte de ciudades.

¿Qué piensas
que le pasó a
esta ciudad?

La comida mexicana es popular

en todo el mundo.

Mucha gente come tacos.

La comida mexicana puede

ser picante.

El fútbol es el deporte favorito

en México.

El baloncesto también es popular.

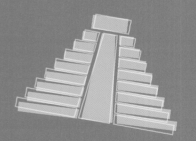

A la gente le gusta

visitar México.

Ellos van a las playas.

Nadan o juegan en la arena.

¿Te gustaría ir a México?

# Mapa de México

desiertos

México

selvas tropicales

océanos

volcanes

# Glosario de las fotografías

**cactus**

plantas desérticas que tienen puntas filosas

**desiertos**

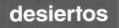

lugares secos que reciben poca lluvia

**jaguares**

gatos grandes que tienen un pelaje con manchas

**volcanes**

montañas que producen lava y gases

23

# Leer más

McDonnell, Ginger. *Next Stop: Mexico.* Huntington Beach, CA: Teacher Created Materials, 2012.

Perkins, Chloe. *Living in . . . Mexico.* New York: Simon Spotlight, 2016.

Robinson, Joanna J. *Mexico.* Mankato, MN: Child's World, 2015.

# Índice

## Crédito fotográfico

Las fotografías en este libro se han usado con la autorización de: © ChameleonsEye/Shutterstock.com, pp. 4–5; © Kuryanovich_Tatsiana/Shutterstock.com, pp. 6–7, 23 (esquina inferior derecha); © Patryk Kosmider/Shutterstock.com, pp. 9, 23 (esquina inferior izquierda); © Leonardo Gonzalez/Shutterstock.com, pp. 10, 23 (esquina superior izquierda); © abalcazar/iStock.com, p. 13; © Anna Omelchenko/Shutterstock.com, pp. 14–15; © Ricardo Villasenor/Shutterstock.com, p. 16; © Natursports/Shutterstock.com, p. 19; © BlueOrange Studio/Shutterstock.com, pp. 20–21; © Red Line Editorial, p. 22; © Carrie Merrell/iStock.com, p. 23 (esquina superior derecha)

Portada: © LRCImagery/iStock.com.